AF358949

REPONSE

D'ABAILARD

A LA LETTRE

D'HELOISE,

Imprimée en 1695.

A AMSTERDAM,

Chez PIERRE CHAYER.

M. DC. XCV. (1)

AVERTISSEMENT.

POUR bien juger de cette Lettre, il faut sçavoir l'état où se trouvoit Abailard lors qu'il l'écrivit. Aprés la Profession d'Heloïse, voulant se faire une necessité de vaincre sa passion, & fatigué d'aimer inutilement, il entra dans une Maison de Saint Benoist, prit l'Habit, & y fit des Vœux. Il y avoit six mois qu'il étoit Profés, & qu'il tâchoit d'éteindre par ses larmes les restes de sa passion : il sembloit malgré sa Profession ne profiter guere de sa solitude & de sa fuite. Sa naissante vertu & sa foible pieté se trouvoient comme étoufées sous

la multitude des idées qui se
levoient de son cœur, comme d'un
fond dont l'Amour s'étoit emparé,
lors qu'il receut une Lettre d'Heloïse, qui ne servit qu'à l'emba-
rasser davantage. Le Duc de Bre-
tagne, dont il étoit né sujet, jaloux de la gloire de la France,
qui possedoit alors tout ce qu'il y
avoit de Sçavans dans l'Europe,
le nomma dans ce temps à l'Abbaye de sainte Gildaise, pour le
revendiquer par ce bien-fait, &
l'engager par cette marque d'estime,
à venir passer le reste de ses jours
dans ses Etats. Il reçut cette
grace avec joye ; il crut qu'en
quittant la France, il y laisseroit
sa passion, & qu'avec sa nouvelle
dignité, il prendroit un nouvel
esprit ; mais il se trompa. Le Ciel
permet quelquefois, pour punir
nôtre vanité, que le plaisir d'un

moment soit comme l'écueil & le malheur de toute nôtre vie. L'Abbaye de sainte Gildaise est située sur un Rocher que la Mer bat de ses flots. Ce lieu si sauvage étoit propre pour nourrir un noir chagrin, ou pour faire naître une pieté extraordinaire. Il n'y pût tenir long-temps contre une si violente passion : aussi foible qu'Heloïse, il est aussi à plaindre qu'elle : & s'il est le premier à goûter les douceurs de la Grace, comme il paroît par quelques-uns de ses discours, c'est par intervale ; & cet attrait n'a pas de suite. Ce n'est donc pas icy un Maître ni un Directeur pour Heloïse, c'est un homme qui a aimé, qui aime encore, qui ouvre son cœur, & qui pour consoler une fille dont il est aimé, lui fait voir ce qu'il souffre, & les efforts qu'il fait pour se dé-

A 3

tacher d'elle. Les grands hommes
sont souvent les tableaux des plus
grandes foiblesses ; & c'est dans
l'emportement de l'amour que
la Nature est la plus à plaindre , & que la volonté est la
plus déreglée. C'est ainsi qu'il
faut prendre le caractere d'A-
bailard , dans le temps qu'il a
écrit cette Lettre ; puis qu'il
est constant qu'il a donné sur la
fin de ses jours des marques
d'un retour sincere & d'un
parfait détachement. Mais on
ne vient à être vertueux que
par degrez. La Grace imite
la Nature ; c'est peu à peu
qu'elle forme les Saints. Un
homme nourry de la lecture de

tous les Poëtes ; dont l'esprit
étoit remply des idées d'un Ro-
man qu'il avoit fait, & de
celles d'une grande paſſion,
qu'une cataſtrophe violente venoit de rompre, ne change pas
aiſément de cœur & de langa-
ge. Il faut qu'il deſapprenne
beaucoup de choſes. L'Amant
qui fuit n'eſt pas maître de
l'amour. Pour faire des Vœux,
on n'eſt pas plus parfait : Pour
être Sçavant, en eſt-on plus
ſage ? Il eſt au moins à re-
marquer que le venerable Abbé
Pierre de Clugny, a rendu un
témoignage autentique de la longue patience de ce grand homme,
dans l'exacte obſervation de ſa

Reglé. Nous nous appercevons
bien déja que ses expressions
ne sont pas si tendres, si fortes,
ni si animées que celles d'Heloïse,
quoy qu'elles le soient encore trop.
Il y a quelque chose de plus mé-
nagé dans les sentimens & dans
les pensées. Je veux croire que
cette difference vient de ce que
la pieté commence à l'emporter
sur l'amour. Quoy qu'il en soit,
je puis assurer que la traduction
est fidelle, & conforme à la pensée de l'Auteur.

LETTRE

A HELOISE,

SA TRES-CHERE SOEUR
en JESUS-CHRIST.

ABAILARD,

SON FRERE

dans le même Jesus-Christ.

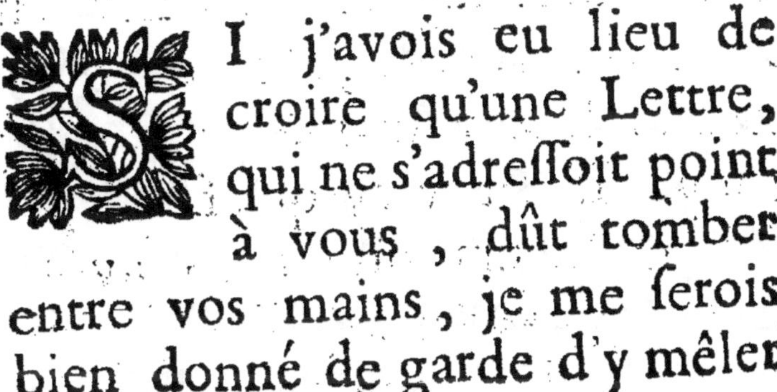

S I j'avois eu lieu de croire qu'une Lettre, qui ne s'adreſſoit point à vous, dût tomber entre vos mains, je me ſerois bien donné de garde d'y mêler

la moindre chofe qui eût pû
vous rappeller le fouvenir de
nos avantures paffées. Je tra-
çois confidemment à un Amy
le cours de mes difgraces, pour
le rendre moins fenfible à une
perte qu'il venoit de faire. Si
par cet artifice je vous ay offen-
fée, je viens effuyer des larmes
que cette trifte peinture vous
fait encore verfer. Je viens mêler ma douleur avec la vôtre,
& répandre mon cœur devant
vous. Je vais découvrir à vos
yeux le trouble & le fecret de
mon ame, que ma vanité m'a-
voit jufqu'icy fait cacher au
refte du monde, & que vous
m'arrachez vous-même malgré
moy. Il eft vray qu'affligé par
les malheurs que nous avons
reffenty, voyant qu'il n'y avoit
plus de changement à attendre

dans nos conditions , & que ces jours heureux qui nous ont seduits , étant passez , il ne nous restoit plus que le penible exercice d'en effacer de nôtre esprit la trace profonde , je souhaittay trouver dans la Philosophie & dans la Religion un remede à ma disgrace. Je cherchay un azyle pour me défendre de l'amour : je suis venu jusqu'à cette triste épreuve que de faire des Vœux , pour endurcir mon cœur. Mais qu'ay-je gagné ? Si ma passion a été contrainte , mes idées & mes sentimens me demeurent. J'ay beau me dire que je veux vous oublier, je ne peux y penser sans vous aimer encore ; & c'est avec plaisir que j'y pense. Ma passion ne s'affoiblit pas par les retours que je fais sur moy-mê-

me pour m'en délivrer. Le silence qui m'environne me la
rend plus sensible ; desoccupé
de tout, c'est l'affaire de toute
mon oisiveté ; jusqu'à ce que
rebuté par des efforts inutiles,
je commence à me persuader
que c'est un soin superflu de
travailler à m'en défaire, & que
c'est assez de sagesse pour moy,
que de ne découvrir qu'à vous
mon desordre & mes foiblesses.
Je m'éloigne de vous dans le
dessein de vous fuir comme mon
ennemie, & je cherche inces-
samment à vous retrouver dans
mon esprit & dans ma pensée.
Je rappelle vôtre image dans
mon souvenir, & dans ces inquietudes differentes , je me
trahis & me contredis moy-
même de la maniere la plus sensible. Je vous haïs , je vous

aime : la honte me preſſe de
tous côtez : je crains dans ce
moment de vous paroître plus
indifferent que vous ne l'êtes,
& j'ay honte en même temps
de découvrir mon trouble. Que
nous ſommes foibles ! Si nous
nous appuyions ſur la Croix de
JESUS-CHRIST, aurions-nous
ſi peu de courage ; & l'incerti-
tude qui agite vôtre cœur, pour
vouloir ſervir à deux Maîtres,
ſe feroit-il ſentir au mien ? Vous
voyez quelle eſt ma confuſion,
ce que je me reproche & ce que
je ſouffre. La pieté me rede-
mande pour la vertu, puis que
je n'ay rien à eſperer pour l'a-
mour : mais l'amour a ſes droits
encore dans nôtre imagination;
ſon commerce s'entretient par
les plaiſirs paſſez : nôtre memoire nous tient lieu de maî-

treſſe. La pieté & le devoir ne ſont pas toûjours les fruits de la retraite. On aime dans les deſerts, quand la roſée du Ciel n'y tombe point, ce qu'on ne devroit plus y aimer. Les paſſions dans les hommes, irritées par la ſolitude, occupent ces regions de la mort & du ſilence ; & il eſt rare qu'on y faſſe veritablement ce qu'on y devroit faire, y aimer Dieu ſeul, & le ſervir. Si j'avois toûjours eu de pareils ſentimens, je vous aurois mieux inſtruite. Vous m'appellez vôtre Maître, il eſt vray, on vous confia à mes ſoins : je vous vis, je ne me connus plus, je m'empreſſay de vous enſeigner des ſciences vaines, il vous en coûta vôtre innocence, & j'en perdis la liberté. Vôtre Oncle, à qui vous

...tiez chere , devint mon enne-
my , & se vangea. Encore si en
cessant de pouvoir me satisfaire
dans ma passion , j'avois pu cesser de vous aimer ? j'aurois
dequoy me consoler dans mon
indifference. Mes ennemis
m'auroient donné ce repos,
qu'Origene acheta par un crime , & ce que le Ciel refusa à
l'Apôtre aprés beaucoup de larmes. Que je suis à plaindre :
mon malheur ne rompt pas mes
chaînes , ma passion s'irrite de
ma foiblesse ; & le penchant
que je conserve pour vous par-
my tant de disgraces , me rend
plus malheureux que mes maux
mêmes. Je me reconnois cent
fois plus coupable avec vôtre
idée au milieu de mes larmes,
que je ne l'étois avec Heloïse
étant en liberté : sans cesse je

pense en vous , sans cesse je me
rappelle cette journée où vous
commençâtes de me donner
des marques de vôtre tendresse.
Dans cet état , Seigneur , si je
cours me prosterner aux pieds
de vos Autels , si je vous prie
d'avoir pitié de moy , pourquoy
le feu de vôtre Esprit pur ne
consume-t-il pas l'holocauste
qui vous est presenté ? Pourquoy laissez-vous recommencer
le supplice qui m'accable ? Cet
habit de Penitent dont je me
suis revêtu , sembloit devoir in-
teresser le Ciel à me traiter plus
favorablement ; mais il est in-
flexible , parce que nôtre passion vit encore en nous : elle
est couverte d'une cendre trompeuse , & ne peut s'éteindre
que par une grace particuliere.
Nous trompons les hommes,

mais

mais rien n'est couvert à Dieu. Vous dites que c'est pour moy que vous vivez sous ce Voile qui vous charge, pourquoy par ces mots profaner vôtre vocation ? A quoy bon irriter par un blasphême un Dieu jaloux ? J'esperois qu'en m'éloignant de vous, vous changeriez de sentimens ; j'esperois à mon tour, que Dieu me délivreroit du tumulte de mes sens, & de la contradiction qui regne en moy. On meurt dans le cœur de ceux qu'on ne voit plus, comme ils meurent dans le nôtre : L'absence est le tombeau de l'amour: mais pour moy, l'absence est un souvenir inquiet de ce que j'aime, qui m'en rapproche sans cesse. Je me flattois qu'en ne vous voyant plus, vous occuperiez ma memoire, sans trou-

B

bler mon esprit : que la Breta-
gne, que la Mer m'inspireroient
d'autres pensées : que mes jeûne-
nes, que mes études vous pour-
roient effacer peu à peu : Mais
malgré ces jeûnes severes &
ces études redoublées ; en dépit du climat & de deux cens
lieuës qui nous separent, vôtre
image telle que vous me la
peignez sous vôtre Voile, con-
fond toutes mes resolutions.
Que n'ay-je pas tenté ? J'ay
armé mes propres mains contre moy ; j'ay épuisé mes for-
ces par des exercices conti-
nuels ; je commente S. Paul,
je combats Aristote ; je fais
tout ce que je faisois lors que
je ne vous aimois pas ; en vain :
rien ne me veut servir contre
vous. N'ajoûtez pas à mes chagrins vôtre constance : oubliez,

s'il se peut, vos faveurs, & le
droit qu'elles vous ont acquises
sur moy ; souffrez que je sois
indifferent : j'envie le bonheur
de ceux qui n'ont jamais aimé,
quel est leur repos ! Que les
plaisirs ont des retours amers !
Je n'en suis que trop persuadé :
mais pour être détrompé de
l'amour, je n'en suis pas guery :
tandis que mes reflexions le
condamnent, mon cœur se dé-
clare pour lui. Je suis à plaindre, de ne pouvoir me défaire
d'une passion que tout aide à
détruire : le lieu, ma personne,
mes disgraces. Je cede, sans
songer que ma resistance effa-
ceroit mes fautes passées, &
me procureroit en leur place
des merites & du repos. Qu'est-
il besoin que vôtre éloquence
se déploye pour me reprocher

B ij

ma fuite & mon silence : épar-
gnez-vous les descriptions de
nos rendez-vous, & vôtre exa-
ctitude à vous y trouver : sans
ces idées seditieuses, j'ay assez
à souffrir. Que la Philosophie
nous donneroit d'avantages sur
les autres hommes, si par cette
étude nous apprenions à gou-
verner nôtre cœur au milieu
de nos passions : mais qu'on
doit être humilié quand on n'en
est plus le maître. Combien
d'efforts ? combien de rechûtes ?
quelles agitations ? quel temps
considerable se passe durant
cette confusion, sans être maître de sa raison, sans joüir de
son esprit, de son cœur. Quelle importune occupation que
d'aimer ; & que la vertu est
precieuse, même par rapport à
nôtre repos. Retracez-vous vos

emportemens , jugez de mes folies ; contez, fi vous le pou-vez , nos foins , nos chagrins , nos inquietudes ; mettez à part ces chofes , & laiffez à l'amour ce qu'il a de douceur & de plaifir , qu'il luy en refte peu. Et cependant , pour l'ombre de ces plaifirs qui ont paru d'a-bord , on eft fi foible toute fa vie , que nous fommes forcez aujourd'huy de nous écrire tout couverts que nous fommes de fac & de cendre : Plus heureux cent fois , fi par nos humilia-tions & par nos larmes , nous pouvions rendre nôtre peniten-ce affurée. L'amour du plaifir ne s'arrache pas de l'ame par des efforts extraordinaires : Il a tant de Partifans chez nous, qu'il eft difficile de fe le pein-dre à foy-même comme un crime. Quelle aversion auray-je jamais de mon peché, si les personnes qui en sont le sujet me sont toûjours precieuses ? Par quel moyen separer d'elles cet amour que je dois détester ? Mes larmes seroient-elles assez ameres, quand elles couleroient en abondance, pour me le rendre odieux. Il y a toûjours je ne sçay quel goût à pleurer pour un objet aimable. On ne distingue pas assez en pleurant, ce qui est penitence ou amour. La memoire du crime, & la memoire de l'objet qui nous a enchanté, sont bien proches pour se diviser si-tôt : & l'amour de Dieu, quand il commence, n'aneantit pas celui de la creature. Quelles excuses ne trouverois-je point en vous, si les crimes s'excusoient : inutils honneurs, mbaraſſantes richeſſes , vous ne m'avez jamais tenté : mais ces graces , cette beauté , cet air que je vois encore , ont été cauſe de ma chûte : vos premiers regards firent mes premiers crimes : vos yeux , vos diſcours penetroient juſqu'au fond de mon cœur ; & malgré ſa gloire & l'ambition qui l'envelopoient , & qui ſembloient le défendre , l'amour fut le maître. Dieu pour me punir, m'y abandonna. Sa Providence a permis enſuite les changemens qui ſont arrivez. Vous n'êtes plus du monde, vous y avez renoncé ; je ſuis un Religieux , un Solitaire , ne profiterons-nous point de l'état où nous nous trouvons ? En voulez-vous à ma pieté , elle ne fait que de naître ? Faut-il

abandonner mon Couvent, je
n'y fais que d'entrer ? Sont-ce
mes Vœux qu'il faut abjurer, je
viens de les faire entre les mains
de Dieu ? Où fuirois-je sa colere en les violant ? Laiſſez-
moy trouver mon repos dans
mon devoir. Qu'il eſt difficile
d'en venir là. Moy ſeul dans
ce Cloître, agité de mes chagrins, je paſſe des jours & des
nuits ſans fermer l'œil. Mon
amour devient plus cruel par-
my l'heureuſe indifference de
ceux qui m'environnent ; &
mon ame eſt toute à la fois pe-
netrée de ſa douleur & de la
vôtre. Quelle perte n'ay-je
pas fait, quand j'enviſage vôtre conſtance ; quelles douceurs
n'aurois-je point goûté. Je ne
devrois pas vous avoüer ces
foibleſſes, je ſens que je fais
une

une faute. Si je vous avois montré plus de force d'esprit, je vous aurois peut-être irritée contre moy , & vous auriez donné à vôtre dépit ce que vôtre vertu ne sçauroit obtenir. Si dans le monde j'ay rendu mes foiblesses publiques par de petits vers & par de legeres chansons , les antres obscurs de cette Maison ne devroient-ils pas les couvrir au moins par une pieté apparente. Je suis encore le même : si j'évite le mal , je n'y fais pas le bien. Il faudroit joindre ces deux choses pour rendre cette de-meure heureuse. Qu'il est diffi-cile, dans le trouble où je suis ! La bien-seance , le devoir, la raison , qui sur d'autres sujets me font garder quelques mesu-res , se montrent ici inutile-

ment. L'Evangile est un lan-
gage que je n'entens plus, dés
qu'il combat mon attachement.
Ces fermens que j'ay fait à la
face des Autels, me font d'un
foible fecours, quand il faut
que je m'oppofe à vous. Je
n'écoute parmi tant de voix
qui m'appellent à mon devoir,
que le fecret chagrin d'une paf-
fion defefperée, fans goût pour
la vertu, fans attention pour
mon état, fans application pour
l'étude, mon imagination me
tranfporte fans ceffe où je ne
devrois pas être, & fe revolte,
quand je veux l'en détourner.
Je fens une conteftation eter-
nelle de mon inclination & de
mon devoir. Je ne trouve en
moi qu'un Amant infenfé, &
plus de raifon : inquiet au milieu de ce filence, agité dans la

paix où nous vivons, & dans ce lieu de repos. Que cette situation est honteuse ! Ne me traitez plus, je vous prie, de Fondateur ni de grand Homme; tant de foiblesses ne s'accordent pas avec vos éloges. Je suis un miserable pecheur, qui prosterné devant mon Juge, la bouche colée à terre, mêle dans la poussiere mes soûpirs avec mes larmes, dans les momens que la Grace & la raison m'éclairent. En cette posture, venez me solliciter à vous aimer : venez, si vous l'osez, vétuë comme vous l'étes, vous mettre entre Dieu & moi, & servir de muraille de separation. Venez m'ôter des pensées, des soûpirs, des Vœux que je ne dois qu'à lui. Soyez le secours des demons, & l'instrument de

leur fureur. Que ne pouvez-
vous point sur un cœur dont
vous connoissez le foible & les
retraites ? Mais plûtôt contri-
buez en vous retirant, à me
sauver. Laissez-moi éviter ma
perte ; je vous en conjure par
cette amitié autrefois si chere,
& par nos maux communs. Il
y aura toûjours de l'amour à ne
m'en plus témoigner. Je vous
remets toutes vos promesses &
tous vos sermens. Soyez toute
à Dieu , à qui vous vous êtes
engagée , je ne m'opposeray
point à ce dessein : Heureux si
je vous perds ainsi ! On verra
dans ce moment un Religieux
en moi , & en vous le modéle
d'une Abbesse. Dédommagez-
vous par un choix si glorieux.
Préparez un nouveau spectacle
aux Anges & aux hommes par

vôtre vertu. Humble parmi vos
Filles, assiduë dans vôtre Chœur,
exacte dans vôtre Regle , ap-
pliquée à la lecture , mettez à
profit tout vôtre loisir. Avez-
vous acheté si peu cher vôtre
vocation , pour ne vouloir pas
vous en servir à vous rendre
heureuse ? Aprés vous être laif-
sée tromper par une doctrine
fausse , & par des instructions
criminelles , ne resistez pas à ces
conseils que la Grace & la Religion m'inspirent. Je vous l'a-
voüeray, je me suis crû jusqu'ici
un meilleur Maître pour inspi-
rer le vice , que pour exciter à
la vertu : Ma fausse éloquence
n'a brillé que pour de faux biens :
mon cœur enyvré de la volupté,
n'a eu des termes propres &
touchans que pour le faire sen-
tir. La coupe des pecheurs ré-

C iij

pand sur ses bords une douceur si trompeuse ; on se penche si naturellement pour en goûter, qu'il ne faut que l'offrir. Le Calice des Saints au contraire, se boit avec amertume ; il afflige & revolte la nature : vous me reprochez cependant ma timidité à vous le presenter ; je souffre volontiers ces plaintes. J'admire l'impatience que vous avez témoignée de vous charger de l'habit de la Religion : Portez avec fierté ce poids sacré de cette coupe precieuse, que vous avez receuë si hardiment ; beuvez ce Calice de salut jusqu'à la lie, sans détourner des yeux incertains sur moi. Laissez-moi, en m'éloignant de vous, obeïr à l'Apôtre, qui me dit, Fuyez. Quand vous me conjurez de revenir, sous pré-

texte de pieté , vôtre empreffe-
ment m'eft fufpect , & le fenti-
ment que j'aurois d'y répondre :
Mes paroles auroient à rougir,
fi l'on peut ainfi parler , aprés
l'hiftoire de ma vie. L'Eglife
jaloufe de fa gloire , veut qu'on
appelle fes enfans à la vertu,
par la vertu même : & quand
on eft prés de Dieu par une
conduite irreprochable , on eft
en droit d'y attirer les autres.
Oublier Heloïfe , ne plus la
voir , eft ce que le Ciel deman-
de d'Abailard. N'attendre rien
d'Abailard , en perdre jufqu'à
l'idée , eft ce que le Ciel de-
mande d'Heloïfe. L'oubli eft
en amour la penitence la plus
neceffaire , & celle qui coûte
le plus : Il eft aifé de raconter
fes fautes ; combien d'indifcrets
s'en font un fecond plaifir, loin
C iiij

de s'en accuſer avec humilité. Le ſeul moyen de retourner à Dieu, eſt de negliger la creature qu'on a adorée, & d'adorer Dieu qu'on a negligé. Quelle violence ! il faut ſe la faire, & ſe ſauver par cet effort. Pour faciliter ce projet , apprenez pourquoy je vous preſſay de faire des Vœux avant que je me fuſſe engagé. Pardonnez à ma ſincerité, & au deſſein que j'ay de meriter vôtre indifference & vôtre haine ; ſi je ne vous cache rien d'un détail que vous avez ſouhaité. Quand je me vis accablé de mon malheur, ma foibleſſe me rendit jaloux, de tous les hommes je me fis des rivaux ; l'amour a plus de ſoupçons qu'il n'a de confiance : Je craignois beaucoup de choſes, parce que j'avois beaucoup

à m'en reprocher ; & tourmenté de la crainte de mon exem-
ple , il me sembloit que vôtre
cœur, dans l'habitude d'aimer,
ne seroit pas long-temps sans
prendre un nouvel engagement.
Un jaloux croit aisément les
choses les plus fâcheuses. Je
voulois me voir bien-tôt hors
d'état de douter de vous. Je
me presiay de vous faire con-
noître qu'il étoit de la bien-
séance de vous dérober aux regards envieux , que vôtre pu-
deur le demandoit , que nôtre
amitié pouvoit l'exiger , que
vôtre seureté le vouloit , que
vous aviez tout à craindre aprés
mon châtiment , & qu'il ne
vous restoit que l'azile d'un
Couvent. Je vous fais justice,
rien ne fut plus aisé que de
vous le persuader. Ma jalousie

triomphoit en secret de vôtre innocente facilité ; & tout triomphant que j'étois , je ne vous donnois pas à Dieu de bon cœur. Je retenois autant que je pouvois mon present, & je ne le laissois échaper que par le desir que j'avois de l'ôter tout entier aux hommes. Je ne vous portois pas en Religion pour y trouver vôtre bonheur, je vous y condamnois comme un barbare qui veut perdre ce qu'il ne peut emporter avec soi. Cependant vous écoutiez mes discours avec douceur , vous m'interrompiez même par quelques larmes ; & mouillée de vos pleurs , vous me pressiez de vous marquer laquelle de ces Maisons avoit le plus mon esti-me. Que je me sentis soulagé de vous y voir enfermée ! Je

reſpiray alors , & j'eus la conſo-
lation de penſer que vous n'é-
tiez pas reſtée long-temps dans
le monde aprés ma diſgrace ,
& que vous n'y rentreriez jamais. Cet état étoit encore
douteux. Il me ſembloit qu'il
n'y avoit de reſolutions éter-
nelles pour des femmes , que
celles que la neceſſité a fixées
par des Vœux. Il me faloit ces
Vœux & un Dieu pour caution,
pour me répondre de vous. Demeures ſaintes , demeures aſſu-
rées , aziles impenetrables, que
vous m'avez ôté d'inquietudes !
La Religion, la Pieté font une
garde exacte autour de vos hauts
murs & de vos portes heriſſées.
Quel repos pour un jaloux ! &
que je l'attendois avec impatience. Chaque jour j'allois ti-
midement vous exhorter à ce

facrifice. J'admirois, fans vous
en parler, un certain éclat de
beauté que je n'avois pas encore
trouvée en vous ; foit que ce
fût la fleur d'une vertu naiffan-
te, ou le preffentiment de la
perte que j'allois faire. Je n'en
examinay point la caufe par
defefpoir, je me hâtois feule-
ment d'avancer vôtre Profef-
fion. Je fis entrer de part dans
mon crime vôtre Prieure, par
une dot criminelle, dont j'a-
chetay chez elle le droit de
vôtre fepulture. Les Profeffes
de cette Maifon, que je prati-
quois auffi, pour avoir leurs
fuffrages, que je venois de paier,
vous cachoient, par mon ordre,
leurs fcrupules & leurs chagrins.
Je ne negligeois rien, ni les
petites chofes, ni les grandes.
Si vous euffiez échapé à toutes

nos embufches , je ne m'étois
pas engagé , je voulois avoir la
liberté de vous fuivre par tout;
& mon ombre attachée à vos
pas , vous auroit jetté dans une
confufion ou dans une crainte,
qui auroit été pour moi une
confolation fenfible.   Mais ,
graces au Ciel , vous vous re-
folûtes à prononcer des Vœux;
je vous accompagnay avec ef-
froy jufqu'au pied des Autels.
Lors que vous y eûtes porté vôtre main , & touché la nappe
facrée , je vous entendis de mes
propres oreilles prononcer dif-
tinctement ces mots tranchans,
qui vous feparoient d'avec tous
les hommes. Je vous entendis
prononcer ces paroles meurtrie-
res , qui coupent des deux côtez , & qui portent par tout
également la mort.   Jufques-là

vôtre beauté , vôtre âge m'a-
voient semblé s'opposer à vôtre
deſſein, & me menacer de quelque retour. Une petite tenta-
tion ne pouvoit-elle point vous
changer ; un Demon du Midy
n'étoit-il point à craindre ? A
l'âge de vingt-deux ans , peut-
on s'oublier entierement ſoi-
même ? à cet âge qui eſt le
regne de la liberté , où tout
ſemble permis ? Le monde ne
meritoit-il plus un de vos regards ? Que je vous ay fait
d'injuſtices ! Que je vous ay
donné de foibleſſes ! Vous n'é-
tiez dans mon imagination que
legereté , qu'inconſtance : mais
une fille au bruit des flammes
& de la chûte de Sodome , ne
pouvoit-elle point tourner la
tête , & regretter quelqu'un ?
J'obſervois vos yeux , vos mou-

vemens , vos débauches , tout me faisoit trembler. Vous pouvez appeller trahison , perfidie, assassinat , une conduite si interessée, & qui ne regardoit que ma propre satisfaction. Un amour qui ressemble si fort à la haine , doit irriter le dernier mépris , & exciter vôtre colere. Oüy, je veux que vous sçachiez que dans ce moment où je fus convaincu de tout vôtre dévoüement ; où je vous trouvay même la plus digne de toute ma tendresse & de ma reconnoissance , je pensay que je ne pourrois plus vous aimer ; qu'il étoit temps de cesser de vous donner des soins & des marques d'amitié ; que vous étiez desormais le soin de Dieu, par la qualité de son Epouse. Ma jalousie sembla s'éteindre;

Dieu pour rival , n'eſt point à craindre : plus tranquille que je n'avois été juſqu'ici , j'oſay lui faire des prieres , pour lui demander de vous ôter de devant mes yeux , & de vous arracher de mon cœur : mais il n'étoit pas temps de les faire ces prieres précipitées ; j'étois de trop mauvaiſe foi devant lui pour être exaucé : lui qui voit l'abîme & le ſecret des cœurs, trouva que le mien n'étoit pas d'intelligence avec mon eſprit : la neceſſité & le deſeſpoir étoient l'ame de mon action ; ſans y penſer j'inſultois au Ciel , bien loin de faire un veritable ſacrifice : Il rejetta ſur moi & mon offrande & ma priere , & ſa Juſtice continua mon ſupplice , en m'abandonnant à l'amour. Ainſi coupable de vos Vœux , coupable

ble de l'amour qui les a préce-
dez , je dois être tourmenté
toute ma vie. Si Dieu parloit à
vôtre cœur , comme il parle à
celui d'une Religieuse dont la
premiere innocence l'engage à
la combler de mille douceurs ,
j'aurois dequoi me consoler :
Mais nous voir tous deux les
victimes d'un amour criminel;
voir cet amour nous insulter ,
& se couvrir de nos habits même , comme d'étendarts qu'il a
enlevez à la sainteté de nos
Vœux , c'est ce qui me fait fre-
mir. Est-ce un abandonnement
de la part de Dieu , où sont-ce
les suites de cette longue yvres-
se d'un amour prophane ? Pour
dire que l'amour est une yvres-
se , un poison , il faut être
éclairé de la Grace ; cependant c'est un mal qu'on aime.

D

Mais dans cet égarement le sen-
timent de nôtre misere est le
commencement de nôtre gué-
rison. Qui ne sait qu'il est de la
grandeur de Dieu de ne trouver
dans l'homme d'autre fonde-
ment de sa misericorde, que la
foiblesse même de l'homme.
Lors qu'il nous laisse voir cette
foiblesse, que nous en soûpi-
rons, il est prêt de faire éclater
sa toutepuissance pour nous en
relever. Disons pour nôtre consolation, que ce que nous souf-
frons est une de ces tentations
longues & terribles qui trou-
blent quelquefois les meilleu-
res vocations. Dieu sait se pré-
ter aux hommes, pour adoucir
leur misere, quand il est à pro-
pos. Il voulut, lorsque vous prî-
tes le voile, vous attirer par de
certains mouvemens de sa gra-

ce, & vous accoûtumer à lui.
Je vis vos yeux, en me difant
adieu, s'attacher à un Crucifix;
vous fûtes plus de fix mois fans
m'écrire un billet, je ne vis durant ce long-tems perfonne de
vôtre part; j'admirois ce filence
que je n'ozois blâmer, & que je
ne pouvois imiter. Je vous écri-
vis, vous ne me fîtes point de
réponfe. Vôtre cœur étoit fer-
mé, ce jardin de l'époux étoit
ouvert, il s'en eft derobé, vous
êtes reftée feule; en s'éloignant
de vous il vous éprouve, rapel-
lez-le, & travaillez à le poffe-
der. Il faut le fecours d'un Dieu
pour rompre nos chaînes. Nous
avons trop aimé pour nous quit-
ter de nous-mêmes. Nos folies
ont penetré jufques dans les
lieux les plus faints. Nos liai-
fons ont fcandalifé tout un

Roiaume. On les lit, on s'y plaît, l'amour les a décrites comme il les a fait faire. Nous sommes la consolation de la mauvaise conduite de la jeunesse ; qui peche aprés nous, croit moins pecher. Nous sommes des coupables, dont la pénitence est tardive, mais qu'elle soit sincere. Reparons autant qu'il est possible les maux que nous avons faits. Et que la France, qui a été témoin de nos égaremens, s'étonne de la rigueur de nôtre pénitence. Confondons ces imitateurs de nos crimes. Prenons le parti de Dieu contre nous-mêmes, & prévenons par là ses jugemens. Nos déreglemens passez demandent des larmes, de la honte, de la tristesse, pour estre expiez. Tirons ces victimes de nôtre cœur.

Rougissons, pleurons ; si dans ces foibles commencemens nôtre cœur n'est pas entierement à vous, Seigneur, qu'il sente au moins qu'il y doit être. Arrachez-vous, Heloïse, aux restes honteux d'une passion qui s'est trop établie. Songez que la moindre de vos pensées pour un autre que pour Dieu est un adultere. Si vous me voyiez ici avec mon visage decharné, l'air sombre, environné d'un nombre importun de Moines, que la qualité qu'on me donne de savant allarme, que ma maigreur offense, comme si je projettois une reforme. Que diriez vous de mes lâches soûpirs, & de ces inutiles larmes qui trompent ces hommes credules. Je suis abbatu sous l'amour, & non pas sous la croix; plaignez-moi

& vous en dégagez. Si c'est mon ouvrage, comme vous le dites, que vôtre vocation, ne m'en ôtez point le merite par vos inquietudes continuelles. Dites-moi que vous voulez honorer cet Habit qui vous couvre, par le plaisir d'une retraite interieure. Craignez Dieu, pour vous défaire de vos foiblesses. Aimez-le, si vous voulez avancer dans la vertu ; ne vous ennuiez point dans le Cloître, c'est la demeure des Saints ; embrassez vos liens, ce sont les chaînes de Jesus-Christ, il les porte avec vous, si vous les portez avec respect. Sans être farouche d'une passion qui vous possede encore, apprenez de vôtre misere à secourir la langueur de vos Sœurs, ayez compassion d'elles en envisageant vos défauts ; & si quelques sentimens trop naturels vous importunent, allez au pied du Crucifix demander miseri- corde, il a des playes ouvertes, ce sont les retraites de la Co- lombe ; gemissez auprés de ce Dieu mourant ; à la tête d'une Communauté ne soyez pas es- clave, & commandant à des Rei- nes, commencez sur vous à vous faire obeïr. Rougissez de la moindre revolte de vos sens. Sachez qu'au pied des Autels on sacrifie en bien des manie- res aux Anges prévaricateurs, & que l'encens le plus agreable qui puisse leur être offert, est celui qui dans ces lieux redou- tables brûle sur le cœur d'une Religieuse, quand il est sensible à la passion & à l'amour. Si dans le monde vôtre ame s'est fait une habitude & une occupation

de ſa tendreſſe , n'en reſſentez
deſormais que pour Jeſus-Chriſt,
regretez tous les momens d'une
vie que vous avez abandonnée
au monde & au plaiſir. Rede-
mandez-les moi, c'eſt un vol
dont je ſuis chargé. Soyez plus
hardie, venez juſqu'à me les reprocher. J'ai été vôtre Maître,
ce n'a été que pour vous enſeigner le crime, vous m'appellez
vôtre Pere, avant cet éloge j'ai
merité celui de patricide ; je ſuis
vôtre Frere, c'eſt par la ſocieté
de nos crimes que cet avantage
m'eſt dû. On me dit vôtre mari,
c'eſt aprés un ſcandal public. Si
vous avez abuſé de la ſainteté
de tant de noms auguſtes dans
la ſuſcription de vôtre Lettre,
pour flatter vôtre paſſion & me
faire honneur, effacez-les pour
mettre ceux de parricide, de
ſce-

fcelerat, d'ennemi, qui a con-
fpiré contre vôtre reputation,
troublé vôtre repos, feduit vôtre innocence. Vous periffiez par
mes foins, fans un effet fingu-
lier de la grace, qui pour vous
fauver m'abbat au milieu de ma
courfe. Voilà l'idée que vous
devez avoir d'un transfuge, qui
cherche à éloigner de vous l'af-
furance de ne vous voir jamais.
Quand l'amour a été fincere,
que l'on a de peine à fe déter-
miner à n'aimer plus! Il eft plus
aifé mil fois de renoncer au
monde qu'à l'amour. Je l'haïs ce
monde trompeur, infidele. Je
n'y penfe plus. Mais fans ceffe
dans l'erreur mon cœur me fe-
ra fentir la douleur de vous
avoir perduë, & m'y attachera
malgré toutes les lumieres de
mon efprit. Cependant quand

E

je serois assez lâche pour me
dédire de ce que vous avez lû,
ne souffrez plus que je m'offre
à vos pensées qu'avec ces der-
nieres couleurs. Songez que mes
premiers soins ont été de sé-
duire vôtre raison, que j'ai mis
en doute vôtre salut. Vous pe-
rissiez par moi, je perissois avec
vous. Les mêmes flots, un même naufrage nous engloutissoit.
Nous attendions la mort indif-
feremment, & une même mort
nous portoit avec rapidité aux
mêmes suplices. La Providence
a détourné ce coup. Que ce soit
par un naufrage que nous arri-
vions au port, que nous importe-
te. Il y a des personnes que la
bonté de Dieu ne sauve que par
un malheur. Que mon salut soit
le fruit de vos prieres. Que je
le doive à vos larmes & à vô-

tre pieté. Quelque rempli qu'on foit, Seigneur, de l'amour d'une de vos creatures, vôtre main fait tirer du cœur, quand il lui plaît, ces idées qui en ocupent toute l'étenduë. C'eſt aimer plus veritablement Heloïſe, que de la laiſſer par mon détachement & par mon ſilence dans le repos, que donnent la retraite & la vertu. Je l'ai reſolu. Cette Lettre ſera ma derniere faute. Adieu.

Si je meurs ici, j'ordonnerai que mon corps ſoit porté au Paraclet. Vous me verrez en cet état, non pour vous demander des larmes, il n'en ſera plus le tems; verſez-en aujourdhui pour éteindre le feu qui me brûle : Vous me verrez alors pour fortifier vôtre pieté de l'horreur de ce cadavre ; & ma mort plus

éloquente que moi, vous dira ce
qu'on aime quand on aime un
homme. J'espere que vous vou-
drez bien, quand vous aurez ac-
compli le tems de vôtre vie, être
inhumée auprês de moi, vos froi-
des cendres ne seront pas à craindre, & mon tombeau en sera plus
riche & plus connu.

F I N.

www.ingramcontent.com/pod-product-compliance
Lightning Source LLC
LaVergne TN
LVHW022337170726
843503LV00008B/3404